Ein schönes Gedicht –
im Dschungel ein Licht

Inhalt

Vorwort

Meine poetische Phase begann in meiner Kindheit.
Bei familiären Festen durfte ich in für mich großer
Runde meine „Werke" zum Besten geben. Man hörte
schmunzelnd zu.
Mit zunehmendem Alter wuchs mein Interesse an an-
deren Dingen, und meine dichterische Phase war damit
beendet.
Ich wandte mich anderen Dingen zu.
Viele Jahre danach musste ich mich mit dem Thema
„Laubwechsel" befassen und fand es eine gute Idee,
das Wesentliche dazu in einem Gedicht zum Ausdruck
zu bringen.
Meine Freude am Dichten war wieder erwacht. Diese
Art, kreativ zu sein, hat mich immer mit viel spürbar
positiver Energie erfüllt und dazu gebracht, manche
Hürde leichter zu nehmen.
Wenn ich selbst dabei schmunzeln kann, weiß ich, dass
ich auf dem richtigen Wege bin.

Wibke Nieländer

Gedichte

Der Optimist

„Mach ich es falsch, mach ich es richtig?"
So mancher fühlt sich irritiert.
Es ist nicht immer offensichtlich,
wohin uns die Entscheidung führt.

Führt sie uns auf den Weg nach vorn,
seh'n wir uns rund herum bestätigt.
Geht etwas schief, erfasst uns Zorn –
Der Pakt mit Gott gilt als erledigt.

„Doch hinter allem steckt ein Sinn",
sagt ungebeugt der Optimist.
Nach der Devise „Try and Win"
vergisst er, was gewesen ist.

Er sieht nun nur noch seine Chance.
Zum Himmel schaut er auf ganz still,
besinnt sich auf die Contenance,
sagt laut und deutlich: "Yes, J will!"

(März 2002)

Der Wettermuffel

Nun ist er da, der neue Tag!
Was er mir diesmal bringen mag?
Obwohl ich fürchte, nicht viel Gutes,
bin ich trotz allem guten Mutes.

Doch wenn ich auf zum Himmel schau,
besorgt mich dieses trübe Grau.
Die Wolken drücken aufs Gemüt.
Was mir wohl heute noch geschieht?

Auch Hitze kann ich nicht vertragen,
sie schlägt mir immer auf den Magen.
Der Kreislauf macht mir dann Beschwerden,
da könnte es mir übel werden.

Noch schlimmer ist jedoch der Regen,
nein, gar nicht der Berieslung wegen.
Was mich dabei viel mehr erregt:
Die Straßen sind wie leer gefegt.

Gewitter ängstigt mich extrem,
es ist für mich ein Mordsproblem.
Bei Donner, Regen, Sturm und Blitzen
gerate ich sehr schnell ins Schwitzen.

Wenn Hagel sich dazu gesellt,
der gern auf unsre Autos fällt,
dann frage ich mich nach dem Sinn:
Wo führt uns dieses Wetter hin?

Höchst ärgerlich ist's, wenn es schneit,
die Landschaft weiß ist weit und breit.
Das sieht zwar alles ganz schön aus,
doch irgendwann wird Matsch daraus.

Des Nachts mach ich die Augen zu
und denk, ich komme jetzt zur Ruh.
Doch weit gefehlt: Des Mondes Treiben
lässt mich im Bett auch dann nicht bleiben.

Als Highlight lange schon vermiss
ich eine Sonnenfinsternis.
Ich mag es dunkel und ganz still:
Das ist genau das, was ich will.

(August 2003)

Müde ?

Ein kurzes Nickerchen in Ehren
kann ich am Mittag nicht entbehren.
Nach circa einer halben Stunde
bin ich bereit zur nächsten Runde.

Dann hab ich wieder Energie,
bin frisch und kreativ wie nie
und schufte bis zum Abend hin,
bis ich so ausgepowert bin,
dass ich nur noch ans Schlafen denke
und keinem mehr Beachtung schenke.

Ich liebe meine weichen Kissen
und möchte auch das Bier nicht missen.
Danach hab ich den ersten Traum
vom warmen Bad mit weißem Schaum.
Es geht so weiter bis zum Morgen:
Verarbeitet sind alle Sorgen.

Der Wecker schreckt mich unsanft auf.
Er kriegt dafür von mir eins drauf.
Ich hätte länger schlafen können,
will mir jedoch die Ruhe gönnen,
beim Frühstück ausgiebig zu lesen,
noch etwas vor mich hin zu dösen.

Der Vormittag vergeht im Nu,
ich freu mich auf die Mittagsruh,
und insgeheim sehn ich mich nach
der Friedlichkeit im Schlafgemach.
Es tut dem Körper eben gut,
wenn er nicht zu viel tut ... und ruht.

(August 2003)

Unerhört!

Ich bin darüber so empört,
ich hab' so was noch nie gehört,
dass ich mich diesmal ernsthaft frage,
ob ich es wirklich noch ertrage.

Mein Selbstbewusstsein ist gestört.
Man leugnet zwar und schwört,
dass man mich nicht verletzen wollte,
und ich es locker sehen sollte.
Doch das geht mir dann doch zu weit,
zur Nachsicht bin ich nicht bereit.

Es ist etwas, dass mich nicht ehrt,
jedweder Grundlage entbehrt.
Doch würd ich nicht im Traum dran denken,
hier korrigierend einzulenken,
denn es ist mir – ich bin da ehrlich –
zu diesem Zeitpunkt zu gefährlich.

Ich kann es immer noch nicht fassen,
dass ich mich so hab' linken lassen.
Ich bin ja so was von erbost,
als hätte man mich grad verlost.

Was man in diesem Zustand tut,
ist, wie man weiß, oft gar nicht gut.
Man sollte erst mal Dampf ablassen,
sich danach ruhig und gelassen
mit diesen Dingen konfrontieren
und dann den Schaden minimieren.

Doch ob der ganze Aufwand lohnt?
Die Nerven werden nicht geschont!
Vielleicht genügt's, wenn man geschickt
den Schlips ganz einfach grade rückt.

Ganz gleich, wie man sich nun verhält,
ob man's erträgt oder sich stellt,
in jedem Fall ein Grund zum Toast
auf die Entscheidung: „Prost!"

(August 2003)

Das Opfer

Es will mir einfach nicht gelingen,
mich mal zum Handeln durchzuringen.
Ich meide dieses Risiko,
aus Furcht, ich würde nicht mehr froh,
wenn ich etwas vermasselt hab,
obwohl's noch andre Wege gab.

Was soll denn „Positives Denken",
doch nur um davon abzulenken,
wie mies es mir tatsächlich geht
und dass mir's bis zum Halse steht.

Bei allem, was hier so passiert,
beschließt man trotzdem ungeniert,
dass ich es wieder machen soll.
Ich hab davon die Nase voll.

Ich sehe keinen Ausweg mehr.
Wo krieg ich eine Waffe her?
Doch wer gibt mir den Gnadenstoß? .....
Schon **wieder ich,** was mach ich bloß?

(September 2003)

Das verkannte Genie

Ich bin so krank, ich kann nicht steh'n,
ich möchte nicht zur Arbeit geh'n.
Sie meckern eh an mir herum,
erklären mich für faul und dumm.

Es kann mich keiner richtig leiden,
bin wirklich nicht drum zu beneiden.
Die sollen heut auf mich verzichten,
die Arbeit einmal selbst verrichten.

Ich wette, dass sie es bereuen,
da sie ja selbst die Mühe scheuen,
das Chaos sinnvoll zu verwalten,
was sie mir als normal vorhalten.

So bin ich eben einfach krank,
setz' mich vors Haus auf meine Bank,
um meine Freiheit zu genießen
und nicht zu Diensten stehen müssen.

Ich stell mir vor, wie schön es ist,
wenn man mich doch einmal vermisst
und jeder sich Gedanken macht:
„Der hat im Dienst noch nie gelacht!"

Wenn alle plötzlich um mich weinen
und Abgesandte hier erscheinen,
um huldvoll mir Respekt zu zollen,
ja, dass sie sich auch bessern wollen,

dann würd ich wieder gerne geh'n,
für alle nach dem Rechten seh'n.
Doch das bleibt alles Illusion:
Wer kümmert sich um mich denn schon?

Die gute alte Zeit ist hin,
und heute zählt nur der Gewinn.
Zum Trotz mit hoch erhobnem Kinn,
bild ich mir ein, dass ich wer bin.

Vor Stolz bin ich den Tränen nah….
…..Hallo, wer alles kommt denn da?

(September 2003)

Die falsche Reihe

Will ich mir einen Film anseh'n,
dann muss ich erst mal Schlange steh'n.
Ich stelle mich links hinten an
und frage mich: „Wann bin ich dran?"

Obwohl das Kino erst beginnt,
wenn alle auf den Plätzen sind,
bin ich so langsam doch erregt,
weil sich so gut wie nichts bewegt.

Was ist denn nur da vorne los,
warum schreit dieser Junge bloß?
Ich hab mich wieder mal vertan,
denn links geht's leider nicht voran.
Die andern sind längst nachgerückt,
und ich werd hier beinah erdrückt!

Der vor mir ist unsäglich dick,
verstellt mir absolut den Blick.
Der Hintermann rückt zu dicht auf,
da steh' ich überhaupt nicht drauf.

Ich hasse diese Art Kontakt,
ein Huhn hätte zurückgehackt.
Auch wird es mir allmählich warm,
mein Blutdruck schlägt bereits Alarm.

Es wird jetzt richtig ungemütlich.
Verdammt, jetzt bin ich nicht mehr friedlich.
Ich fange an, ganz laut zu motzen,
und ruf: „Nicht kleckern, sondern klotzen!
Könnt ihr nicht einfach mal kassieren
statt hier nur rumzudiskutieren?"

Die anderen ertragen's stumm,
sie seh'n sich höchstens einmal um,
doch froh, wenn einer sich mal rührt
und laut für alle protestiert.

Inzwischen hab ich längst bedauert
– weil's, wie man sieht, zu lange dauert –
dass ich hierher gekommen bin
als treue Kinogängerin.

Man muss so manches erst ersteh'n.
Warum soll's mir da anders geh'n?

(September 2003)

Verwählt?

Ich fühl mich wieder gar nicht wohl,
und das kommt nicht vom Alkohol!
Es muss etwas ganz Ernstes sein,
vielleicht sogar ein Gallenstein!

Man muss mich sicher operieren
– schon der Gedanke lässt mich frieren –
natürlich unter Vollnarkose,
und das nach meiner Gürtelrose!

Ich hab auch wieder dieses Zieh'n
in meinen eh schon dicken Knien,
und wenn ich es nun recht bedenke,
sind's auch die anderen Gelenke.

Zumindest ist der Kopf noch frei –
ein Lichtblick bei der Quälerei.
Doch da verspür ich einen Stich
und mir wird richtig schwindelig.

Ich schleppe mich zum Telefon
- die Notrufnummer kenn ich schon -
und hör nach längerem Tut - tut:
„Hier's Ihr Bestattungsinstitut"!

(September 2003)

23

Elternsorgen

Als Eltern kommen uns Bedenken,
wenn wir nur an die Lehrer denken.
Die wissen gar nichts von den Nöten,
die bei so manchem Kind auftreten,
wenn es sich nicht verstanden fühlt,
sich dann in großes Schweigen hüllt.

Auch scheint's, dass es dazu gehört,
dass einer, der die Stunde stört,
den Klassenraum verlassen muss.
Das stimmt, ich rede keinen Stuss.

Die andern Schüler schweigen schön,
auch wenn sie es nicht ganz versteh'n.
Sie müssen brav die Hände falten
wie anno dazumal die Alten.

Und die Toiletten sind abscheulich,
ja, alles andre als erfreulich.
Die Lehrer haben da gut lachen,
sie sollten besser drüber wachen,
denn in den Pausen geht es rund.
Das ist in aller Leute Mund.

Ein Glück, dass es meist gut ausgeht,
dass der, der fällt, gesund aufsteht.
Man könnte vieles noch erwähnen,
doch woll'n wir's nicht zu lang ausdehnen.

Bisher ging's nur um das Betragen.
Doch mancher hätte viele Fragen
zur Wertung und zum Unterricht,
was alles aus der Eltern Sicht,
wenn's nicht geschickt gehandhabt wird,
zur allgemeinen Unlust führt.

Und dieses wissen auch die Lehrer,
verurteil'n selbst die Haltung derer,
die ihrem guten Image schaden,
viel Unmut damit auf sie laden.

Wir können Pannen nicht verhindern
bei Eltern, Lehrern und bei Kindern,
jedoch uns Mühe dabei geben,
begang'ne Fehler zu beheben.

Wir woll'n, dass sich etwas bewegt,
die Schule zum Erfolg beiträgt,
fürs Leben einen Grundstein legt,
die Kinder optimistisch prägt,
so dass, wenn sie sich von uns trennen,
sie ihre Zukunft meistern können.

(September 2003)

25

Das Problem

Wie jeder weiß, gilt ein Problem
als nicht besonders angenehm.
's ist wie ein ungebetner Gast,
der jäh entwickelt sich zur Last.

Man grübelt und ist schlecht gelaunt,
sucht schließlich Rat und ist erstaunt,
wenn einer, den man eingeweiht,
sofort „die" Lösung hat bereit.

Das wäre jedoch viel zu schnell,
man sieht's ja individuell.
Wie immer – so auch dieses Mal –
bleibt einem selbst die Qual der Wahl.

Nachdem man eine Nacht durchwacht,
wird über das Problem gelacht.
Ab jetzt geht's wieder steil bergauf …
doch …. folgt das nächste kurz darauf.

(April 2003)

Casanova aus dem Gleichgewicht

Ich denke häufig drüber nach,
was ich im Rentenalter mach'.
Kann's weitergeh'n in diesem Stil,
ist diese Unrast nicht zu viel?
Ich sollte alles ruhig angeh'n,
und nicht mehr jedem Rock nachseh'n.

Jedoch ein Leben ohne Lust –
Das wär' für mich der wahre Frust.
Sie gibt dem Dasein erst den Kick.
Ich finde mich auch noch ganz schick,
bin stolz auf meine Manneskraft,
die mir noch viel Pläsier verschafft.
Ich geh doch gerne mal auf Jück
und habe dabei meistens Glück.
Ich habe eben sehr viel Charme
und bin dabei nicht grade arm.
Doch hab ich immer festgestellt:
Sie mögen **mich** … und nicht mein Geld.
Oft sind sie rein verrückt nach mir,
erscheinen dann an meiner Tür.

Und das ist mir natürlich peinlich.
Mein Eheweib ist zwar nicht kleinlich,
doch fördern Seitensprünge nicht
das eheliche Gleichgewicht.

Ich will sie keineswegs verletzen,
weiß ihre Großmut sehr zu schätzen.

Ich fühlte mich von ihr geliebt,
genoss mein Leben ungetrübt,
bis ich durch Zufall jetzt erfahre,
dass sie mich die drei letzten Jahre
mit einem Kümmerling betrogen hat.
Hat sie mich denn tatsächlich satt?

Es will mir gar nicht in den Kopf.
Ist das vielleicht der „Wiedehopf",
den ich partout nicht riechen kann?
Bezeichnet mich als Lebemann!!

Ich weiß nicht, was ich machen soll,
ich fand die Ehe wundervoll.
Man war doch irgendwie geborgen
und teilte Kummer, Ängste, Sorgen.

Ich tu mir wirklich selber leid.
Auf jeden Fall kriegt sie Bescheid:
Sie muss den Jüngling sitzen lassen,
sonst werde ich ihm eins verpassen.

Ich lege auch besondern Wert
darauf, dass sie mir das erklärt.

Mein Selbstbewusstsein ist dahin,
weil ich ja so empfindlich bin.
Ich fühle mich so minderwertig.
Allein werd ich damit nicht fertig!
Mal sehn, ob ich die Lilo finde.
Sie ist zwar hässlich wie die Sünde,
doch hat sie ihre Qualitäten.
Man merkt, sie hält nicht viel vom Beten.

Die Schuld an ihrem Seitensprung
hat diese Gleichberechtigung.
Er ist nicht für die Frau gedacht,
erlaubt nur, wenn der Mann ihn macht.
Für mich ist sowieso ganz klar –
Wir lassen's so, wie's früher war:
Der Mann geht ab und zu mal aus
und lässt die Frau getrost zu Haus.

(September 2003)

Endlich „alt" und weise !

Mit 60 laufen wir Gefahr
zu denken, dass es das nun war –
Die Laune ist ja eh vermiest,
wenn man die Zahl von hinten liest.
(= Null Sex!)

Als nicht sehr rosig man beschreibt,
was uns vom Leben übrig bleibt,
doch liegt es auch mit bei den „Alten",
den Ruhestand sich zu gestalten.

Es wird beschlossen, nicht zu jammern,
nicht an Vergangnes sich zu klammern.
Wir woll'n das Dasein neu entdecken,
die alten Lebenskräfte wecken.

Wir klagen nicht mehr über Schmerzen
und lachen jetzt von ganzem Herzen.
Ist die Moral für uns noch wichtig,
nicht viele Regeln null und nichtig?

Wir freu'n uns über unsre Falten,
da wir sie für bedeutend halten.
Sie zeigen, was in vielen Jahren
der Mensch an Schicksal hat erfahren.

Wir sind – und das ist keine Frage –
für alle sichtbar „Herr(n) der Lage"
und somit für den Rest der Zeit
zu Abenteuern (= teuren Abenden) stets bereit.
Denn eigentlich – mit etwas Moos –
geht's Leben jetzt erst richtig los.

(Mai 2003)

Never ever give up!

Ach, wie schmerzen meine Knie,
und diesmal ist's so schlimm wie nie.
Mein Alter wird mir jetzt bewusst –
Ich habe rein zu nichts mehr Lust.

Es sind ja nicht nur die Gelenke.
Wenn ich an meine Zähne denke –
Schon lange nur ein Ärgernis!
Ich brauche nun auch ein Gebiss.

Der Spiegel zeigt mir's schonungslos:
Ja, meine Haut wird viel zu groß.
Das Haar ist matt und ziemlich dünn.
Macht hier Kosmetik einen Sinn?

Statt Taille hab ich Rettungsringe.
Wenn mir's doch etwas besser ginge!
Das Schicksal meint's nicht gut mit mir,
ich habe heut das arme Tier.

Bleibt mir am Ende nur das Bett,
wo ich zumindest Ruhe hätt.
Für schnellen Schlaf ein Gläschen Wein,
die Götter werden's mir verzeih'n.

Am Morgen wird ein Blick riskiert,
der Körper vorsichtig sondiert.
Der Kopf tut gar nicht mehr so weh.
Ist's wirklich wahr, was ich jetzt seh?

Der Himmel blau, es scheint die Sonne,
die Vögel zwitschern, welche Wonne.
Ich werd mir heut die Welt anseh'n.
Das Leben ist nun wieder schön!

Das Spiegelbild aus meiner Sicht
zeigt alles nur im besten Licht.
Was war's nur, was mich gestern störte,
wogegen sich mein Ego wehrte?

Ich will es heute nicht mehr wissen,
die Leiden werden warten müssen.
Ich habe wieder neuen Mut,
denn eigentlich geht's mir recht gut.

(April 2003)

„Frühjahrsputz"

Zu mancher Hausfrau größtem Leid
ist niemand gegen Schmutz gefeit.
Entschlossen rückt sie ihm zu Leibe,
fast täglich, wie's geziemt dem Weibe.

Zunächst scheint alles ganz ok….,
im Sonnenlicht jedoch – oh weh:
Die Fensterscheiben voller Schlieren
und Flecken an den weißen Türen.
Die Stores sind auch schon länger fällig,
der Teppichboden ist ganz wellig.
Der Herd wirkt immer noch verschmutzt,
die Spüle stumpf wie nicht geputzt.
Die Treppe ist total verdreckt,
normalerweise wie geleckt,
der Wasserhahn nicht mehr der Beste,
die Wanne voller Seifenreste.
Fast überall sieht man nur Schmutz:
's wird Zeit für einen Frühjahrsputz.

Bis hier klingt alles ganz normal,
das Thema – wie es scheint – banal.
Doch häufig man nichts mehr versteht,
wenn man erfährt, wie's weitergeht.

Genutzt wird die Gelegenheit –
es wurde eh allmählich Zeit,
dass wir das Haus modernisieren,
das Alte endlich aussortieren.
Und unversehens ist da schon
die Runderneuerungsaktion:

Die weißen Stores, die müssen runter –
man hat es heute wieder bunter.
Es wird die Treppe frisch lackiert,
das Bad grundlegend renoviert.
Die Arbeitsplatte wird erneuert,
der Teppichboden rausgefeuert.
Die Schränke sind auch viel zu alt.
Ob's reicht, wenn man sie übermalt?
Die Wände werden tapeziert,
die Räume neu illuminiert,
die Möbel so lang umgestellt,
bis auch dem letzten es gefällt.

Trotz aller Folterqual beim Bücken
nach intensivem Schränkerücken
genießen wir nach dem Gewühl
ein völlig neues Wohngefühl.

Der Anlass für den „Frühjahrsputz"
war nur ein kleines bisschen Schmutz.

(April 2003)

Das Skelett

Was wär der Mensch ohne die Knochen?
Er käm zerknirscht dahergekrochen
und könnte gar nicht aufrecht steh'n.
Unmöglich wäre ihm das Geh'n.

Wir seh'n, sie sind zu etwas nütze.
Doch dienen sie nicht nur als Stütze:
Sie passen auf, dass Herz und Nieren
so schnell nichts Ernstes kann passieren.
Ganz sicher liegt auch das Gehirn
im Schädel hinter einer Stirn.
Und eines wissen viele nicht:
Die Knochen formen das Gesicht.

Gestützt, geschützt und wohlgestaltet
der Mensch sich erst so recht entfaltet.
Was wäre er, wenn er nicht hätt
ein hochentwickeltes Skelett?

(August 1999)

Der Kopf zum Haupte einst gekürt, so häufig jedoch malträtiert

Ob's wirklich unserm Kopf gebührt,
dass er so schlecht behandelt wird?
Er wird verrenkt oder verdreht,
wenn Weiblichkeit vorübergeht.
Er wird geschüttelt und riskiert –
das alles völlig ungeniert.
Man steckt ihn feige in den Sand,
will tollkühn damit durch die Wand.
Auch Kugeln kann man durch ihn jagen
und selbstgefällig hoch ihn tragen.
Beleidigt wirft man ihn zurück.
Dass nichts passiert, ist unser Glück.
Bei manchem spukt's sogar darin –
Wie kommen Geister nur dahin?

Was hat der Kopf denn nur verbrochen?
Er wird zermartert und zerbrochen.
Wie kann man seinen Kopf so hassen,
dass man ihn gar hat hängen lassen?
Und nun fass ich mir an die Stirn:
Man kann den Kopf sogar verlier'n
und kopflos durch die Gegend rennen.
Wer kann den Sinn darin erkennen?

Kein Wunder, dass er manchmal brummt.
Ein andrer wäre längst verstummt
bei dieser grausamen Tortur.
Man mag ihn nicht, warum denn nur?

(April 2003)

Was wär' der Mensch
ohne die Füße,

er auf die Knie sich niederließe?
Er wäre nur noch „halb" so groß –
das wär' für ihn ein schweres Los.

Die Freude würde ihm entgeh'n,
auf eignen Füßen stolz zu steh'n.
Es würde vieles nicht mehr geben,
so auch auf großem Fuße leben,

nicht mehr dem Papst die Füße küssen
und nicht Gewehr bei Fuß steh'n müssen
und niemandem zu Füßen liegen,
jedoch auch keinen Fußtritt kriegen.

Doch davon einmal abgeseh'n –
Er könnte weder steh'n noch geh'n.
Drum ist „der Weisheit letzter Schluss",
dass jeder Füße haben muss.

So ist es wichtig, sie zu pflegen,
sie öfter auch mal hoch zu legen,
damit ganz unbeschwert sie man
recht lange noch benutzen kann.

(März 2003)

Die Nase

Ob kurz, ob lang, ob groß, ob klein,
ob grob gestaltet oder fein –
Wie immer sie geartet ist:
„Nicht wichtig", sagt der Optimist,
„Schon lästig", so der Pessimist,
„Sie funktioniert", der Realist.
Fürs Ausseh'n ist sie von Gewicht,
doch für den Wert des Menschen nicht.

Den „Haken" lieben die Indianer,
den „Winzling" ehr die Koreaner,
der „Stups" gehört zu den Blondinen,
weil's sexy ist bei diesen „Bienen".
Ein Stummel blieb für Michael Jackson,
der Zinken passt gut zu den Hexen.
Der Boxer mag sie lieber platt.
Man weiß, wie sie der Säufer hat.

Sie prägt nun einmal das Gesicht,
steht immer vorn im Rampenlicht.
So mancher hat sich erst geniert,
doch langsam damit arrangiert.
Und wenn es auch manch einen gibt,
der seine Nase wirklich liebt –
Er wird es akzeptieren müssen:
Die Nase ist im Weg beim Küssen.

(August 2003)

Die sichere Entscheidung

Es fragt zunächst sich der Verstand
– um einen Fehler zu vermeiden –
„Sind alle Fakten mir bekannt,
kann ich nun mit Bedacht entscheiden?

Da ist noch etwas mit im Spiel,
ganz deutlich, aber still:
Es ist das unsichre Gefühl,
das auch beachtet werden will.

Doch schneller noch als diese beiden
ist der berühmte sechste Sinn.
Mit ihm sich schließlich zu entscheiden,
führt uns zur weisen Lösung hin.

(April 2003)

Der Traum

Im Traum wird uns ganz ungeniert
das, was uns angeht, vorgeführt.
Scheint auch der Inhalt unverständlich,
erreicht die Botschaft uns letztendlich.

Sie anzunehmen ist oft schwer:
„Wir müh'n uns doch, das ist nicht fair!"
Doch wenn der Traum dann wiederkehrt,
ist einfach etwas nicht geklärt.

Wenn wir die Schwächen eingesteh'n
und ungeschminkt die Wahrheit seh'n,
dann gilt's, den Hinweis umzusetzen
und ihn als Chance einzuschätzen.

(März 2002)

Der Pinguin, der gern geflogen wäre

Was man erwartet von den Vögeln,
dass sie beschwingt im Winde segeln,
kann Meister Pinguin nicht erfüllen.
Es geht allein nicht mit dem Willen!
Beim Proben hat er sich geschunden
und schließlich damit abgefunden:
„Was soll ich auch da oben fliegen,
was kann ich da zu fressen kriegen?
Viel lieber ist mir ein Stück Fisch
vom reich gedeckten Meerestisch,
denn Vogel sein muss nicht bedeuten –
die Nahrung in der Luft erbeuten.“

Die Flügel nutzt er nun als Flossen,
durch's Wasser kommt er schnell geschossen.
Zum Steuern dienen Bein und Schwanz,
sein Federkleid umschließt ihn ganz
zum Wärmen und zum Isolieren:
Da braucht der Vogel nicht zu frieren.

Im Schwimmen macht er den Rekord,
das Springen ist sein liebster Sport,
jedoch an Land von Ort zu Ort
bewegt er sich nur langsam fort.

Doch Schwimmen, Springen, Laufen, Fliegen –
das alles unter einen Hut zu kriegen –
ist das nicht etwas viel verlangt?
Das muss nicht sein, Gott sei's gedankt!

Und wenn er an sein Ausseh'n denkt,
das alle Blicke auf sich lenkt,
seufzt er ergriffen: „Welche Gnade,
zum Fliegen bin ich viel zu schade!"

(November 1997)

Der Kuckuck

Das Weibchen kann sich nicht entscheiden,
es kann sie alle recht gut leiden.
So mancher wäre ganz pikiert,
was dieser Vogel praktiziert!

Wie kommt's, dass sie solch Anklang findet
und mancher Kuckuck sich gar schindet.
Sie zwitschert nur und ist nicht schön,
da muss 'was andres vor sich geh'n –
Im Frühling wallen die Gefühle –
Hormone sind's und davon viele.
So ruft er „kuckuck", ich bin da,
Und glaubt, die Antwort ist „Hurra".
Das reicht ihm, wenn's nur weiblich ist.
Es macht der Drang, dass er vergisst,
dass Sympathie und Schönheit zählen…
Egal, er kann nicht lange wählen.
Der Nächste kommt von weit daher
und hat dieselbe Lust wie er.

Es hat geklappt, sie war'n zu viert.
Sie braucht jetzt nur noch einen Wirt.
Wen nimmt sie nur, wer legt g'rad Eier?
Klein muss er sein, nicht wie ein Geier.
Das Rot mag sie beim Rückenwürger:
„Hier wächst er auf, der neue Bürger."

Der Würger hat jetzt Legepause,
der Hunger treibt ihn aus dem Hause.
Schnell fliegt sie rein und legt ein Ei
ganz unauffällig nebenbei.
Zufrieden schwingt sie sich dann auf.
„Oh, Würger, achte sorgsam drauf!"
Es kommt auch vor, dass sie ganz dreist
ein fremdes Ei vom Nestrand schmeißt.

Der Würger brütet Tag und Nacht,
bis aus dem Ei der Kuckuck kracht.
Der erste sein, das ist sein Ziel.
Er friert und sieht auch noch nicht viel.
Doch eines kann er nicht ertragen,
zu teilen mit den Würgerblagen.
So macht er seinen Rücken hohl
und lädt ihn mit den Eiern voll.
Den Nestrand muss er noch bezwingen,
die Konkurrenz zum Schweigen bringen.
Er schätzt sie nicht, die Stiefgeschwister,
das Würgerkindernestgeflüster.
Auf alle Fälle ist ihm recht,
was nützt, ob's gut ist oder schlecht.
Er ist zufrieden mit der Tat,
er braucht dazu nicht Elternrat.
Sie sollen ihn doch nur zu ernähren,
sich nicht um sein Benehmen scheren.

Sie wundern sich: „Was ist das bloß?
Das Kind, es wird so riesengroß!"
Am Ende sind sie selbst ganz mager.
Erschöpft ruh'n sie auf leerem Lager.
Der Traum vom reichen Kindersegen,
die Würgerkleinen groß zu pflegen,
ist aus, sie wurden ausgenutzt.
Die Flügel schmerzen wie gestutzt.
Schmarotzer wollen sie nicht mehr.
Zur Not hilft da die Würgerwehr.

Das Kuckucksweibchen, wie erwartet,
fühlt sich beileibe nicht entartet.
Zufrieden ist's mit Würgers Brut
„So klein sie sind, sie machen's gut."
So plant es pfiffig und durchtrieben:
„Viel Zeit ist mir nicht mehr geblieben.
Das nächste Ei werde ich doubeln,
dem Wiesenpieper unterjubeln."

(November 1997)

Froschmoral

Es nutzt der Frosch die Abendstunde:
Zum Beutefang ist jetzt die Zeit.
Die Augen schweifen in die Runde,
die nächste Fliege ist nicht weit.

Nicht weit entfernt liegt eine Schlange
im hohen Grase gut versteckt.
Sie hungert nun schon ziemlich lange,
weiß gar nicht mehr, wie Froschfleisch schmeckt.

Sie harren beide in der Stille,
es raschelt hier, es knistert dort.
Man hört das Zirpen einer Grille,
die so treibt ihren Abendsport.

Ganz plötzlich sieht der Frosch die Schlange,
sein ärgster Feind wird ihm gewahr.
Er weiß, sie nimmt ihn in die Zange,
er wittert äußerste Gefahr.

Und auch die Schlange hat begriffen,
dass da etwas zum Fressen ist.
Sie züngelt, um's genau zu prüfen,
bis sie zum Handeln sich entschließt.

Es geht ganz schnell, sie schießt nach vorn:
„Jetzt hab ich dich, du fetter Braten".
Der Frosch jedoch ist nicht verlor'n,
hat ihre Absicht schon erraten.

Und eh' die Schlange sich's versieht,
springt er ins Wasser auf ein Blatt.
Die Schlange stutzt, verwundert sieht,
dass sie das Spiel verloren hat.

Sie seh'n sich beide in die Augen,
enttäuscht ist sie, erleichtert er.
Talente eben doch nur taugen
beim Opfer ohne Gegenwehr.

Der Frosch, entwischt mit einem Schlage,
sieht nun die Schlange furchtlos an.
Denn **er** ist jetzt der Herr der Lage,
ist stolz auf alles, was er kann.

Er springt sehr weit, er ist schön grün,
er schwimmt gewandt und schwört,
dass sein Konzert zum Abend hin
auch jeder andre gerne hört.
(außer der Schlange!)

Wo hat sie denn nur ihre Beine
wie jedes andre Wirbeltier?
Zufrieden zeigt er ihr nun seine,
erweckt bei ihr noch größre Gier.

So stellt er lässig sich in Pose,
schwingt seine Hüften leicht im Takt.
Er wähnt sich stark als „Frosch der Große",
winkt gnädig, obwohl klein und nackt.

Ein Fröschlein hat sich vorgewagt,
ganz angetan von dieser Demo,
und als es dazu rhythmisch quakt,
wird es gepackt mit null problemo.

Der Frosch nimmt's wahr und ist entsetzt –
Ein andrer hat dran glauben müssen.
Voll Zweifel fragt er sich zuletzt:
„Hab ich den Freund auf dem Gewissen?"

(Februar 1999)

Metamorphose

Die Raupe sprach: „Ich hab es satt,
ich hab genug von diesem Blatt.
Dies Dasein soll mich nicht besiegen,
statt schlucken möchte ich jetzt fliegen."

Ganz sacht begriff es ihr Gehirn,
recht eingeengt hinter der Stirn,
dass sie sich erst verwandeln musste,
dass sie jedoch das „Wie" nicht wusste.

Sie dachte nach, begann zu spinnen
ganz tief in ihrem Köpfchen drinnen.
Gedanken wurden ganz konkret,
sie hat sich öfter mal gedreht.

Und plötzlich sah sie sich verstrickt
und war nun gar nicht mehr entzückt,
als sie gefesselt im Kokon.
mit Fassung nur noch sprach: "So long."

Ganz unbemerkt von der Umgebung
bemühte sie sich um Belebung
der Dinge, die sie einst geträumt,
die sie als Raupe hat versäumt:

Bunte Flügel, hübsche Augen,
Fühler, die zum Riechen taugen,
lange Beine, schlanker Leib,
zwei Geschlechter: Mann und Weib.

Der Wunsch ging wirklich in Erfüllung.
Schon bald erfolgte die Enthüllung
von einem bunten Schmetterling,
der noch am seidnen Faden hing.

Der Neuling fühlt sich nun beschwingt
von Artgenossen gleich umringt.
Er ist jetzt voller Energie,
und hält sich für ein Fluggenie.

Die Raupe ist in ihm gestorben.
Ein Leben hat er sich erworben,
das seine Sicht erweitert hat,
die einst begrenzt war auf ein Blatt.

(Februar 2002)

Erleuchtung

Ich möchte wie ein Vogel fliegen,
ganz leicht hoch in den Lüften schweben,
mich unbeschwert im Winde wiegen,
am blauen Himmel sorglos leben.

Ich hätt ein herrliches Gefieder,
geschmückt wäre ich jeden Tag
und wäre stolz auf meine Lieder
und wüsst, dass ich mich selber mag.

Dem Menschen jedoch fehl'n die Flügel,
die er zum Fliegen haben müsste.
Die Erde hält ihn fest am Zügel
und boykottiert die Fluggelüste.

Der Körper kann sich nicht erheben,
nicht einfach über andern schweben.
Der Geist jedoch kann es erleben,
wie gut es tut, sich abzuheben:
Bei klarer Luft mit klarem Blick
ganz souverän nach unten seh'n,
ein bisschen näher hin zum Glück
in Vogelperspektive geh'n.

Und plötzlich können wir erkennen,
welch andre Wege möglich sind.
Wie konnten wir uns so verrennen,
noch immer handeln wie das Kind?

Geläutert sehen wir die Lage.
Wir schwenken um und denken:
Es ist doch wirklich keine Frage,
wie gut es ist, sich selbst zu lenken.

(Februar 1999)

Es ist so weit

Es ist so weit, es geht zu Ende,
Gemeinsamkeit verliert an Wert.
Sie ist nicht leicht, die Lebenswende,
hat man sich doch einmal verehrt.

Verschwunden sind nun die Gefühle,
die einst bestimmten unsern Plan.
Gestritten wird um Tisch und Stühle,
am Partner bleibt nichts Gutes dran.

Sie schwingen hoch, die Emotionen,
man fühlt sich durch und durch verletzt.
Es gilt, den andern nicht zu schonen,
ist er's doch, der uns hat versetzt.

Wer hat die Schuld, ist stets die Frage.
Wer hat verursacht diese Lage?
So einfach ist's nicht, wie ich find,
ob es doch immer beide sind.

Wer steht uns bei in dieser Not,
wer führt uns ohne Eigennutz?
Wer lenkt das schwer beladne Boot,
wer bietet an uns seinen Schutz?

Entsetzten vor der Schlechtigkeit,
die mehr und mehr nach oben will.
Der Ruf nach der Gerechtigkeit
wird immer lauter, ja wird schrill.

So bleibt uns nur noch die Justiz.
Der Richter, **auch** ein Mann gewöhnlich,
ergreift Partei, wenn auch mit Witz.
Vielleicht meint er es nicht persönlich.

Mit Sicherheit ist eines richtig:
Gedacht sein muss auch realistisch.
Finanzen, Steuern, Geld sind wichtig,
und sind wir noch so idealistisch.

Wenn diese Schlacht geschlagen ist,
ein Ausgleich stattfand Zoll um Zoll,
kommt wieder durch der Optimist.
Vergessen wollen wir den Groll.

Die Suche nach dem Sinn des Lebens
muss unbelastet vor sich geh'n.
Sonst spähen wir nach vorn vergebens
und bleiben auf der Stelle steh'n.

Bei allem hilft uns ganz bestimmt
– und meist muss man erst ganz tief graben –
Humor …, weil er den Druck uns nimmt,
und hinweist auf das „Sein", nicht „Haben".

Wir sind nun nicht mehr fremdbestimmt
und hören auf zu klagen.
Wir wollen, dass der Kurs jetzt stimmt,
ein neues Leben wagen.

(Januar 2002)

Zu Weihnachten

Ich wünsche euch ein frohes Fest,
fürs nächste Jahr „the very best".
Die Zeit so voller Zorn und Zwist
nun hoffentlich zu Ende ist.

Der Winner steht am Schluss allein,
der Loser sollte ihm verzeih'n.
Wer Winner und wer Loser ist,
sei wichtig, denkt der Pessimist.

Der Optimist hat's nicht so schwer,
die Frage stellt sich ihm nicht mehr.
Er sieht es ein: Zum eignen Wohl
lebt es sich besser ohne Groll.

(Dezember 2002)

Zivilcourage

.... trotz ....
..... geg ....Strom ....,
..... Schwei .... br ....
..............Courage ....

Am Ende sind da ein paar Beulen,
im Wortgefecht noch unbemerkt.
Ein bisschen ist mir auch zum Heulen,
jedoch ... die Achtung vor mir selbst gestärkt.

(April 2003)

Laubwechsel

Die Linde hat mit großer Macht
ein Blätterdach hervorgebracht.
Wenn man das Werk einmal betrachtet,
die Zahl der Blätter mit beachtet,
stellt sich trotz aller Phantasie
doch stets die Frage nach dem „Wie".
Wo nimmt sie all das Grüne her,
der Baum war doch im Winter leer?

Sie weiß da einen tollen Trick
und zeigt im Herbst ihn allen:
Sie trennt den Blattstiel mit 'nem Klick
und lässt das Blatt zu Boden fallen.

Doch wer nun denkt, das sei Verlust,
der hat bisher noch nicht gewusst,
dass Bäume nicht so schnell verenden,
weil später sie erneut verwenden,
was sie schon vorher abgebaut
und in dem Stamme hab'n verstaut.
Fürwahr, das schöne Chlorophyll
ist doch zu schade für den Müll!

Im Winter hält sie es zurück,
im Frühjahr braucht sie's Stück für Stück,
und wieder kommt es an den Tag,
was sie zu leisten dann vermag:
Es wird ein größres Dach gebaut.
Wer hätte ihr das zugetraut?

(Herbst 1997)

Biologie

Zunächst ist's einfach int'ressant,
ist vieles uns auch längst bekannt.
Das kann doch gar nicht schwierig sein:
Ein Arm ist ähnlich wie ein Bein.

Voll Eifer lauschen wir dem Lehrer:
Der Hund gilt als ein Fleischverzehrer.
Die Katze kann bei Nacht gut seh'n.
und schleicht sich leise an auf Zeh'n.
Das Huhn kann viele Eier legen,
ist nützlich auch des Fleisches wegen.
Die Schlange hat den schlech'sten Ruf
von allen Tieren, die Gott schuf.
Der Frosch als Jungtier heißt Kaulquappe,
macht Qua-a-k mit seiner großen Klappe.
Der Fisch ist ein besondres Tier:
Er kennt die „Schule" so wie wir.

Wie einfach hört sich alles an.
Das ist doch, was ein jeder kann!
Doch irgendwann stellt sich die Frage
– und damit setzt schon ein die Plage –
warum im Herbst die Blätter sterben,
woher wir blonde Haare erben,
warum das Faultier grün aussieht,
warum es zwei Geschlechter gibt.

Wie nah verwandt sind wir mit Affen,
warum der Ha-a-a-ls bei den Giraffen?
Warum gibt's keinen T-Rex mehr?
Wer soll das alles lernen, wer?

Es gibt so vieles zu ergründen,
so lasst es uns gemeinsam finden.
Ein wenig Fleiß, ein bisschen Mut –
Kein Zweifel: Es wird tierisch gut.

(Juni 1998)

It's so simple!

English? Eine schwere Sprache?
Das ist doch 'ne easy Sache:

House heißt Haus, the dog der Hund,
mouse heißt Maus, the mouth der Mund.
I love you and you love me,
you drink coffee, I drink tea.

Wenn das wirklich alles ist
- nur der Nebel is called mist -
wozu in der Schule sitzen,
aufrecht auf dem Stuhle schwitzen?
Auf die Tische: Keilerei,
Englisch lern' wir nebenbei.

Doch es winkt von fern der class test.
Who is good, who is the class best?
Answer questions, fill the gaps!
What's the meaning of "collapse"?

May steht für to be allowed,
wer das weiß, der can be proud.
He is able heißt er kann,
learning grammar can be fun

If mit Präsens follows "will".
There are more rules that we still
have to learn, there's no way out,
teachers tell what's heut' about.

We are looking forward to it
hoping they will make us fit.

(Februar 1999)

Unsinn

Gedichte in Prosa,
ein hellblaues Rosa,
flüssiges Eis,
pechschwarzes Weiß,
tosende Stille,
gähnende Fülle,
trockene Nässe,
knallrote Blässe,
fließender Stein,
ein sittsames Schwein,
wässriges Feuer,
gepflanztes Gemäuer,
flüssiges Gas:
(Das war nur ein Spaß!)
Eiskalte Hitze,
todernste Witze,
himmlischer Boden,
weibliche Hoden ….
Und wem es gefällt,
dem sei's freigestellt,
noch mehr zu erdichten,
auf Sinn zu verzichten.

(März 2002)

Kreislauf

CO2 erzeugt das Tier
und gibt es weiter an die Pflanze.
Sie macht den Sauerstoff dafür
und bringt ins Gleichgewicht das ganze.

Sprüche

Wenn immer mehr man auf sich lädt,
wird leichte Last zur schweren Bürde.
Wer sich besinnt und aufrecht geht,
erhält Gesundheit und die Würde.

Wenn uns der Überblick verwehrt,
hat es sich immer schon bewährt,
sich in die Zukunft zu versetzen,
von dort die Lage einzuschätzen.

Es wird erwachsen erst das Kind,
wenn es den Eltern hat vergeben.
Wenn Groll und Hass vergessen sind,
beginnt damit sein eignes Leben.

Das Ziel verfolgen wir verbissen,
so dass wir gar nicht mehr erfassen,
dass wir auch Rücksicht nehmen müssen,
sonst sind am Ende **wir** verlassen.

Wer immer nur von andern nimmt,
wird eines Tages doch erkennen,
dass hier das Gleichgewicht nicht stimmt:
Er muss sich auch von etwas trennen.

Die Abwehrhaltung schwindet schnell,
wenn wir uns dazu überwinden,
die auferlegte Pflicht als Quell
der Freude zu empfinden.

„Ordnung ist das halbe Leben."
Da ist schon etwas Wahres dran.
Wir können nicht das Beste geben,
wenn uns das Chaos hält in Bann.

Nicht allein der Plan ist wichtig,
er ändert nichts in unserm Leben.
Er kommt zur Geltung dann erst richtig,
wenn wir ihm Sinn durch Handeln geben.

Wer immer nur Bedenken hat,
im Nichtstun angsterfüllt verharrt,
nie selber dreht am Schicksalsrad,
wird unbeweglich und erstarrt.

Wenn sich's auch nicht beweisen lässt,
so kann es trotzdem richtig sein.
Erfahrung steht hier für den Test:
der Sinn muss überzeugend sein.

Humor ist, wenn man dann und wann
die Wahrheit auch vertragen kann.

Learn to say: "I don't know."
and put an end to that foolish show.

Wibke Nieländer

Ein schönes Gedicht –
im Dschungel ein Licht

© 2003 Wibke Nieländer
Satz, Herstellung und Verlag: Books on Demand GmbH,
Norderstedt
3-8334-0382-9